Eu amo o ZAYN
Você é fã número 1 dele?

Eu amo o ZAYN
Você é fã número 1 dele?

Tradução de
Patrícia Azeredo

1ª edição

Rio de Janeiro | 2013

CIP-BRASIL. CATALOGAÇÃO NA PUBLICAÇÃO
SINDICATO NACIONAL DOS EDITORES DE LIVROS, RJ

E86   Eu amo o Zayn: você é fã número 1 dele? / Lauren Taylor ... [et al.] ;
        tradução Patrícia Azeredo. – 1ª. ed. – Rio de Janeiro: Best*Seller*, 2013.

        il. (Eu amo One Direction ; 5)
        Tradução de: I love Zayn
        ISBN 978-85-7684-719-9

        1. One Direction (Conjunto musical). 2. Músicos de rock – Inglaterra.
        I. Taylor, Lauren. II. Título. III. Série.

13-00166   CDD: 782.421640942
                                                  CDU: 784.011.26(420)

Texto revisado segundo o novo Acordo Ortográfico da Língua Portuguesa.

Título original inglês
I LOVE ZAYN
Copyright © 2013 by Buster Books
Copyright da tradução © 2013 by Editora Best *Seller* Ltda.

Publicado primeiramente na Grã Bretanha em 2013 pela Buster Books, um selo da
Michael O'Mara Books Limited.

Capa original adaptada por Gabinete de Artes
Editoração eletrônica: Abreu's System

Todos os direitos reservados. Proibida a reprodução,
no todo ou em parte, sem autorização prévia por escrito da editora,
sejam quais forem os meios empregados.

Direitos exclusivos de publicação em língua portuguesa para o Brasil
adquiridos pela
Editora Best Seller Ltda.
Rua Argentina, 171, parte, São Cristóvão
Rio de Janeiro, RJ – 20921-380
que se reserva a propriedade literária desta tradução

Impresso no Brasil

ISBN 978-85-7684-719-9

Seja um leitor preferencial Record.
Cadastre-se e receba informações sobre nossos lançamentos e nossas promoções.

Atendimento e venda direta ao leitor
mdireto@record.com.br ou (21) 2585-2002

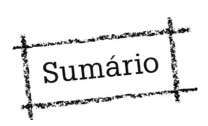

Sumário

Sobre este livro	7	Mico!	55
Forever Young	8	A calculadora do amor	57
O amor está nos números	11	Fazendo palhaçadas	58
Escrito nas estrelas	15	Encontro dos sonhos	72
Superfãs	20	O que você prefere?	74
Favoritos	23	Seu dia perfeito	76
Verdadeiro ou falso?	26	Estilo estelar	78
Qual foi a pergunta?	28	Todas as direções!	80
Doces tuítes	31	Muito estiloso	82
Qual é a sua música-tema?	32	Sonhe alto	87
Um grande coração	34	Linha do tempo	92
Last First Kiss	38	Deu no jornal!	97
O diário	41	Músicas embaralhadas!	100
Deixe o dado decidir	47	Fatos fantásticos!	102
Adivinhe quem é	50	Respostas	105
Universo do Twitter	54		

No agora famoso momento em que o One Direction foi eliminado do bem-sucedido programa *X Factor* nas semifinais, o Zayn Malik disse as palavras proféticas: "Este não é o fim do One Direction." Sim, ele estava certo! Agora os garotos fazem sucesso internacional e vivem em um turbilhão de fama.

Tudo mundo tem um integrante favorito do 1D e, se o seu queridinho é o Zayn, este livro é para você, pois está cheio de testes, curiosidades, jogos e histórias que vão revelar tudo o que você sempre quis saber sobre ele.

O que o Zayn procura em uma garota? Qual estilo é a marca registrada dele? Do que ele mais gosta e o que você faria se saísse com ele? Vire a página e descubra tudo isso e muito mais. Logo, logo você vai ser especialista no seu astro favorito do 1D.

O que você está esperando? Mergulhe de cabeça e teste o seu status de Superfã.

É Zayncrível!

QUANTO VOCÊ SABE SOBRE A VIDA DO ZAYN ANTES DA FAMA? FAÇA O TESTE E VEJA SE CONSEGUE SUPERAR SEUS AMIGOS COM O SEU CONHECIMENTO SOBRE A INFÂNCIA DO ZAYN E DEPOIS CONFIRA AS RESPOSTAS NA **PÁGINA 105**.

1. Quais eram as matérias favoritas do Zayn na escola?
   a. Inglês e Artes
   b. Francês e Culinária
   c. Química e Matemática

2. Que musical o Zayn estrelou quando era criança?
   a. *Bugsy Malone*
   b. *Oliver!*
   c. *Mary Poppins*

3. Qual era a idade do Zayn quando especialistas disseram que ele tinha capacidade de leitura equivalente à de um jovem de 18 anos?
   a. Oito
   b. Nove
   c. Onze

4. Qual foi o primeiro animal de estimação do Zayn?
a. Um Staffordshire bull terrier chamado Tyson
b. Um coelho anão holandês chamado Nutmeg
c. Um gato siamês chamado Twister

5. Qual é a lembrança mais antiga do Zayn?
a. Ir ao parque de diversões com a mãe e a avó
b. Quebrar o braço durante um jogo de *rounders* (jogo com taco e bola, semelhante ao beisebol)
c. Aprender a nadar na piscina da cidade

6. Qual era o segredo do penteado do Zayn na infância?
a. Levantar meia hora mais cedo para que a irmã cuidasse do cabelo dele
b. Guardar todo o dinheiro que recebia para ir a um salão caro
c. Tratamento semanal com condicionadores

7. De que tipo de música o Zayn gostava quando era criança?
a. Punk e ska
b. Violão clássico
c. R&B e rap

8. Com quantos anos o Zayn teve sua primeira namorada?
a. Treze
b. Dezessete
c. Quinze

9. Com quantos primos o Zayn conviveu na infância?
  a. Cinco
  b. Dezoito
  c. Mais de vinte

10. Qual é o nome do jardim da infância onde o Zayn estudou?
  a. Cheeky Monkeys
  b. Little Sunshines
  c. Ele não fez jardim da infância, ficou em casa com o pai

11. Como o Zayn descreve a infância que teve?
  a. "Eu era muito independente."
  b. "Gastava toda a minha mesada em doces."
  c. "Eu pedia mais dever de casa aos professores."

12. O Zayn tem ascendência europeia e asiática. Qual a origem de sua família?
  a. Irlandesa/inglesa/paquistanesa
  b. Escocesa/inglesa/paquistanesa
  c. Galesa/inglesa/paquistanesa

O amor está nos números

VOCÊ E O ZAYN ESTÃO DESTINADOS A DAR CERTO? BOM, TUDO DEPENDE DO SEU "NÚMERO DA VIDA". SIGA AS INSTRUÇÕES ABAIXO PARA CALCULAR A COMPATIBILIDADE COM O SEU SUPERASTRO FAVORITO E DESCUBRA QUE MÚSICA DO 1D É PERFEITA PARA VOCÊS.

Para descobrir o seu número da vida some os dígitos da sua data de nascimento: dia, mês e ano.

Por exemplo, o Zayn nasceu no dia 12 de janeiro de 1993 (12/01/1993). Para descobrir o número da vida dele basta somar:

$$1 + 2 + 0 + 1 + 1 + 9 + 9 + 3 = 26$$

Continue somando os números até ficar apenas um dígito:

$$26 \text{ vira: } 2 + 6 = 8$$

O número da vida do Zayn é 8.

Após descobrir o seu número da vida, veja as páginas a seguir para descobrir qual é a sua compatibilidade com o astro do 1D.

Número da vida: 1
Suas características: independência, determinação, confiança
1 e 8: O Zayn ama pessoas confiantes. Vocês dois também são muito independentes, por isso você nunca precisaria se preocupar em ter o seu espaço.
Sua música: "Kiss You"

Número da vida: 2
Suas características: quer ver todos em paz, é gentil e sensível
2 e 8: O Zayn seria um sortudo se tivesse alguém como você para mantê-lo sorrindo. Só não leve a mal quando ele passar várias semanas viajando.
Sua música: "First Last Kiss"

Número da vida: 3
Suas características: é amigável, tem ousadia e otimismo
3 e 8: Você e o Zayn adoram ser o centro das atenções e vão se divertir juntos, não importa o que façam.
Sua música: "Live While We're Young"

Número da vida: 4
Suas características: gosta de trabalhar, de ajudar os outros e é prático
4 e 8: Você e o Zayn são trabalhadores e gostam de ficar em casa. Quando ele não estiver em turnê, vai adorar voltar para perto de você.
Sua música: "Gotta Be You"

Número da vida: 5
Suas características: inteligência, bom humor, independência
5 e 8: O Zayn acha a independência muito atraente em alguém. E com o seu jeito tranquilão vai ser fácil se adaptar à rotina agitada do Zayn.
Sua música: "One Thing"

Número da vida: 6
Suas características: é família, confiável e tem compaixão
6 e 8: O Zayn adora a família, igualzinho a você. Os dois seriam uma dupla muito feliz, vivendo momentos divertidos com seus entes queridos.
Sua música: "Little Things"

Número da vida: 7
Suas características: sensibilidade, sabedoria, reserva
7 e 8: Você e o Zayn são duas almas independentes e bem reservadas. Além disso, como são sensíveis, vão se entender perfeitamente.
Sua música: "What Makes You Beautiful"

Número da vida: 8
Suas características: organização, ambição, grande capacidade de liderança
8 e 8: Não tem como irritar o Zayn com o seu jeito superorganizado, pois ele é igualzinho! Você também o inspiraria à beça com a sua ambição.
Sua música: "Up All Night"

Número da vida: 9
Suas características: diversos talentos, sensibilidade, determinação
9 e 8: Uma alma sensível, você provavelmente se apaixonaria por qualquer música composta pelo Zayn. E como você também tem vários talentos, pode até ajudá-lo caso ele tenha dificuldades com a letra.
Sua música: "Heart Attack"

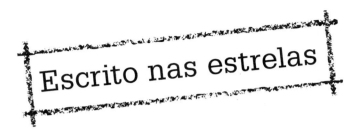

USE ESTE HORÓSCOPO DO ZAYN PARA DESCOBRIR O QUE O SIGNO REVELA A SEU RESPEITO E SAIBA QUAL SERIA O PAPEL IDEAL PARA VOCÊ NA VIDA DELE.

★ **ÁRIES (21 de março a 20 de abril)** ★
Com muita energia, competitividade e amor pelos esportes, você adora aventuras e estar no comando. Você nunca fica de bobeira com um jogo de tabuleiro ou deitado assistindo à televisão, pois não para um minuto. Em relação ao Zayn, você poderia ser:

Personal trainer
Você tem energia de sobra e adora ficar em forma, por isso seria excelente para ajudar o Zayn a ficar sarado e saudável nas turnês.

★ **TOURO (21 de abril a 21 de maio)** ★
Todos deveriam ter alguém como você no grupo de amigos, por causa do seu grande coração. Confiável e fã das coisas boas da vida, em relação ao Zayn, você poderia ser:

Melhor amigo
Você é legal, confiável, grande ouvinte e tem a paciência de um santo. O que mais o Zayn poderia querer em uma grande amizade?

GÊMEOS (22 de maio a 21 de junho)
Seus amigos o consideram sociável e popular. Uma pessoa divertida e com ótimo papo, a alma da festa. Em relação ao Zayn, você poderia ser:

Planejador de festas
Você é confiante, gosta de conversar e possui uma imaginação infinita para temas de festas. Seu entusiasmo e seu charme podem transformar qualquer evento em sucesso, seja um jantar sofisticado ou uma festa pós-show.

 CÂNCER (22 de junho a 23 de julho)
Você é ótimo para cuidar dos outros por ter uma natureza protetora, carinhosa e responsável. E também adora se organizar e cuidar dos acontecimentos. Em relação ao Zayn, você poderia ser:

Assistente pessoal
De organizar a agenda a protegê-lo de fãs loucos, você realmente tomaria conta do Zayn, deixando-o totalmente à vontade.

 LEÃO (24 de julho a 23 de agosto)
Fã de dramas e de diversão, você gosta de estar no centro das atenções, adora compras e tem um estilo glamouroso de parar o trânsito, exatamente como o Zayn e seu famoso cabelo. Em relação ao Zayn, você poderia ser:

Companhia tapete vermelho

Você não se intimida com os holofotes, por isso seria a companhia perfeita para um evento chique da indústria do entretenimento. Vista-se para impressionar.

★ VIRGEM (24 de agosto a 23 de setembro) ★

Você une equilíbrio, precisão e boa memória, além de ter talento para resolver conflitos e não suportar preguiça. Em relação ao Zayn, você poderia ser:

Empresário

A vida no One Direction é uma montanha-russa. Você teria que agendar os melhores shows para a banda e ao mesmo tempo garantir que eles estivessem felizes. Mas se existe alguém que pode conseguir tudo isso é você.

★ LIBRA (24 de setembro a 23 de outubro) ★

Você adora tudo o que é belo e se empolga nas compras! Como também é uma alma atenciosa, está sempre com disposição para ajudar seus amigos. Em relação ao Zayn, você poderia ser:

Comprador pessoal

O Zayn precisa estar sempre na moda, mas devido à agenda ocupada, nem sempre tem tempo para ficar por dentro das últimas tendências. É aí que você entra!

★ ESCORPIÃO (24 de outubro a 22 de novembro) ★

Você é uma pessoa passional, criativa e adora viajar para lugares distantes. Em relação ao Zayn, você poderia ser:

Fotógrafo oficial
Você tem o talento criativo necessário para garantir que o Zayn e os garotos sempre sejam clicados em seus melhores ângulos. E o seu amor por lugares exóticos vai garantir cenários bacanas para as fotos.

★ SAGITÁRIO (23 de novembro a 21 de dezembro) ★
Você tem um espírito verdadeiramente livre, além de gostar de esportes e ter entusiasmo e ideias novas de sobra. Em relação ao Zayn, você poderia ser:

Colega de turnê
A vida na estrada é dura, mas com você por perto o Zayn sempre teria uma ótima companhia para fazê-lo sorrir.

★ CAPRICÓRNIO (22 de dezembro a 20 de janeiro) ★
Você gosta de ficar no comando e é bom nisso. Também é sensato com o dinheiro e trabalha mais do que todo mundo, sem deixar de ser amigável e acessível. Em relação ao Zayn, você poderia ser:

Contador
Convenhamos, astros do pop nem sempre são bons em lidar com dinheiro! Com a sua ajuda, o Zayn conseguirá aproveitar ao máximo os milhões que ganha. Divirta-se com toda essa grana!

★ AQUÁRIO (21 de janeiro a 19 de fevereiro) ★
Você é uma pessoa inteligente e lógica, mas também tem um lado criativo. Adora música e aprender coisas novas,

e não consegue ficar muito tempo no mesmo lugar. Em relação ao Zayn, você poderia ser:

Coreógrafo
Com sua mente lógica e seu amor pela música, você seria excelente para criar novos passos de dança bem dinâmicos para os garotos.

⭐ **PEIXES (20 de fevereiro a 20 de março)** ⭐
Você tem muita imaginação e adora fazer bom uso do seu talento, criando lindos presentes feitos em casa. Em relação ao Zayn, você poderia ser:

Cenógrafo
Você poderia transformar o palco vazio do 1D em uma obra de arte espetacular. O Zayn não conseguiria ignorar sua criatividade avassaladora.

EU AMO O ZAYN

Superfãs

O ZAYN DIZ QUE TEM OS MELHORES FÃS DO MUNDO, MAS NÃO HÁ COMO NEGAR QUE, ÀS VEZES, ELES FAZEM ALGUMAS LOUCURAS. TENTE DESCOBRIR QUAIS DESTES FATOS RELACIONADOS A FÃS SÃO VERDADEIROS E QUAIS SÃO FALSOS. CONFIRA AS RESPOSTAS NA **PÁGINA 106**.

1. Após o Zayn ter mencionado sua vontade de ter um superpoder, uma fã dedicada resolveu amarrar uma imagem em tamanho real dele usando uma capa a vários balões de gás. Ela soltou sua criação nos céus e o "SuperZayn" nunca mais foi visto.

☐ História verdadeira   ☐ Mentira deslavada

2. Um grupo de fãs nos EUA decidiu se esconder em uma lixeira por quatro horas esperando encontrar a banda quando ela chegasse ao local do show. Infelizmente, a armação foi descoberta quando alguém desconfiou do peso excessivo da lixeira.

☐ História verdadeira   ☐ Mentira deslavada

3. A locutora da rádio BBC, Gemma Cairney, raspou o logotipo do 1D no cabelo e também dançou "Gangnam Style" com o Liam Payne.

☐ História verdadeira   ☐ Mentira deslavada

EU AMO O ZAYN

4. Uma fã ultradedicada de Montreal, Canadá, só usa artigos de papelaria com fotos do Zayn! Se ela esquecer a caneta e o lápis de que mais gosta em um dia de prova, vai ser um problemão...

☐ História verdadeira ☐ Mentira deslavada

5. Fãs de Nova York passaram a noite na fila para ser os primeiros a conseguir uma cópia do segundo álbum do 1D. O gentil povo nova-iorquino achou que os fãs exaustos eram sem-teto e ofereceu sanduíches e cobertores.

☐ História verdadeira ☐ Mentira deslavada

6. Um Superfã criador de ovelhas de Devon, Inglaterra, amava tanto o Zayn que decidiu colocar máscaras de papelão com o rosto do astro do 1D em todo o seu rebanho. Ele mandou uma foto dos "sósias" para o Zayn, mas o cantor ficou tão assustado que nem conseguiu olhar!

☐ História verdadeira ☐ Mentira deslavada

7. Uma fã de Nova York desmaiou enquanto segurava a mão do Zayn em uma tarde de autógrafos. Ela teve que receber atendimento médico, mas não do Zayn, pois isso poderia piorar a situação.

☐ História verdadeira ☐ Mentira deslavada

8. Uma vez o Zayn engasgou com um doce difícil de mastigar durante uma entrevista em Londres. Um fã correu para ajudar, salvando a vida do pobre astro do pop.

☐ História verdadeira ☐ Mentira deslavada

9. Uma megafã da Califórnia, EUA, ficou tão arrasada quando o Zayn saiu do Twitter que se recusou a comer até ele voltar ao microblog. Sorte dela que o Zayn decidiu tuitar de novo dois dias depois.

☐ História verdadeira   ☐ Mentira deslavada

10. O Zayn ganhou um mankini, parecido com o do personagem Borat, de um fã dedicado. Ele mal podia esperar para usá-lo: "Eu realmente pretendo vesti-lo na próxima vez em que for nadar." O Zayn nunca encarou a água, mas decidiu usá-lo em casa e descreveu a (pouca) roupa como "muito confortável".

☐ História verdadeira   ☐ Mentira deslavada

11. Uma fã australiana de Brisbane conseguiu mandar um cachorro para o Zayn. O elegante cãozinho foi penteado para imitar o visual dele, com direito a mecha loura, tênis de cano alto e casaco de beisebol. A garota apaixonada escreveu o número do telefone na coleira do bichinho. Depois de batizá-lo de Great Zayn [Grande Zayn], os garotos decidiram devolvê-lo à dona.

☐ História verdadeira   ☐ Mentira deslavada

12. Um grupo de fãs da Cidade do México mandou para o Zayn um CD com "Insane in the Brain", do grupo Cypress Hill, dublando a música com o nome do Zayn. Isso realmente é "Insane in the Zayn!".

☐ História verdadeira   ☐ Mentira deslavada

VOCÊ ACHA QUE SABE DO QUE O ZAYN MAIS GOSTA? FAÇA ESTE DIVERTIDO TESTE PARA DESCOBRIR E DEPOIS CONFIRA SUAS RESPOSTAS NAS **PÁGINAS 105 E 106**.

1. Qual é a comida favorita do Zayn?
   a. Amora
   b. Frango
   c. Pão

2. Qual é o país favorito do Zayn?
   a. Inglaterra
   b. EUA
   c. França

3. Qual o tipo de perfume favorito do Zayn?
   a. Doce
   b. Com aroma de especiarias
   c. Cítrico

4. Qual é o meio de transporte ideal para o Zayn?
   a. Skate
   b. Helicóptero
   c. Carro

5. Zayn adora queijo, mas qual é o favorito dele?

a. Cheddar

b. Halloumi

c. Todos os tipos

6. O CDF Zayn era um estudante nota 10 na escola. De qual matéria ele mais gostava?

a. Francês

b. Design de tecnologias

c. Inglês

7. Ele é fã da culinária norte-americana, mas qual é o prato preferido do Zayn na terra do Tio Sam?

a. Pretzel

b. Cachorro-quente

c. Torta de maçã

8. Obviamente, o Zayn é uma megacelebridade, mas que outra celebridade ele mais admira?

a. Adele

b. Ed Sheeran

c. Príncipe Harry

9. Todo mundo adora ficar à toa no domingo. Qual seria a melhor forma de o Zayn passar esse dia?

a. Assistindo a DVDs

b. Na sauna

c. Na cama

10. De qual parte do próprio corpo o Zayn mais gosta? Deve ter sido difícil escolher uma só!
 a. Cabelo
 b. Queixo
 c. Braços

11. Qual a música predileta do Zayn? Surpreendentemente, não é uma do 1D!
 a. "Thriller", do Michael Jackson
 b. "Let it Be", dos Beatles
 c. "God Only Knows", dos Beach Boys

12. Qual é a banda predileta do Zayn?
 a. Beatles
 b. *NSYNC
 c. Take That

13. Prepare-se para ter um treco: qual é a característica que o Zayn mais gosta em uma garota?
 a. Saber se vestir
 b. Olhos castanhos
 c. Inteligência

Verdadeiro ou falso?

NESTE TESTE BACANA, MARQUE AS AFIRMAÇÕES QUE VOCÊ CONSIDERA VERDADEIRAS OU FALSAS. MAS TEM UMA SURPRESA: UM PONTO EXTRA SE VOCÊ CONSEGUIR ADIVINHAR A QUAL INTEGRANTE DA BANDA AS FRASES FALSAS SE REFEREM. NESSE CASO, ESCREVA O NOME DELE NA LINHA PONTILHADA E CONFIRA AS RESPOSTAS NA **PÁGINA 106**.

1. O Zayn é do signo de Capricórnio.
☐ Verdadeiro
☐ Falso. É o ....

2. O Zayn tem um irmão mais velho chamado Gregg.
☐ Verdadeiro
☐ Falso. É o ....

3. O nome do Zayn significa "bonito".
☐ Verdadeiro
☐ Falso. É o ....

4. O estudioso Zayn fez a prova do GCSE de inglês um ano antes e tirou A.
☐ Verdadeiro
☐ Falso. Foi o ....

5. O Zayn foi um presente adiantado para os pais, pois nasceu na véspera de Natal.
☐ Verdadeiro
☐ Falso. Foi o ....

6. O Zayn tem um polegar extremamente flexível.
☐ Verdadeiro
☐ Falso. É o ....

7. O Zayn nasceu em Wolverhampton.
☐ Verdadeiro
☐ Falso. Foi o ....

8. O Zayn é doido por filmes declaradamente românticos, tendo como favoritos *Simplesmente Amor* e *Titanic*.
☐ Verdadeiro
☐ Falso. É o ....

9. O Zayn fez sua primeira audição para o *X Factor* quando tinha 14 anos. Ele chegou à etapa da casa dos jurados, mas não passou.
☐ Verdadeiro
☐ Falso. Foi o ....

EU AMO O ZAYN

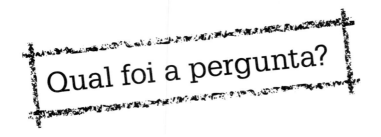

O ZAYN PROVAVELMENTE JÁ RESPONDEU MAIS PERGUNTAS NA VIDA DO QUE VOCÊ PODE IMAGINAR. ALGUMAS DAS RESPOSTAS DELE ESTÃO AÍ EMBAIXO, MAS SERÁ QUE VOCÊ CONSEGUE ASSOCIÁ-LAS ÀS PERGUNTAS CORRETAS? TENHA CUIDADO: COLOCAMOS ALGUMAS PERGUNTAS FALSAS PARA DIFICULTAR A BRINCADEIRA. CONFIRA AS RESPOSTAS NA **PÁGINA 106**.

Respostas do Zayn:

1. "Quando eu falo com a minha irmã mais nova."

2. "Provavelmente serei eu."

3. "A gente acha que ainda não está nesse nível."

4. "Na infância, eu nunca me inspirei neles, porque nunca pensei que faria o mesmo que eles."

5. "Nossa música reflete quem somos, ou seja: jovens, ousados e meio doidos. Apenas tentamos colocar isso na música e mostrar ao público."

6. "A gente sente na hora... É espontâneo."

Perguntas:

A. Quem se olha mais no espelho?

B. Vocês invadem as contas do Facebook e do Twitter uns dos outros?

C. Se algum de vocês fosse seguir carreira solo, quem seria?

D. Você se inspira em alguma banda?

E. Você tem algum passo de dança favorito?

F. Você tem alguma cantada específica que usa com as garotas?

G. O que você acha do que o fenômeno One Direction criou?

H. Você consegue pensar em algo que faria a banda se separar?

I. O que o futuro reserva para o One Direction?

J. O que faz você sorrir?

K. O que inspira você?

L. Como você se sente quando é comparado aos Beatles?

Anote suas respostas aqui:

1. .... 3. .... 5. ....

2. .... 4. .... 6. ....

Doces tuítes

TODOS NÓS SABEMOS QUE O ZAYN É UM VERDADEIRO DOCE DE PESSOA E GOSTA DE MOSTRAR SEU AMOR PELOS FÃS, PELA FAMÍLIA E PELOS AMIGOS VIA INTERNET.

🐦 Adoro ter crescido querendo um irmão e agora ter quatro amo vcs caras :)

🐦 Vocês são o máximo. Não sabem o quanto me surpreendem. Obrigado por tudo, vocês realmente são os melhores fãs do mundo. Amo todos vcs bj

🐦 LA é definitivamente um dos meus lugares favoritos adoro isso aqui :) bj

🐦 Se o amor é verdadeiro, então vai superar qualquer coisa! :) bj

🐦 Não importa quantas coisas incríveis aconteçam na sua vida você sempre deve ser grato por tudo, continuar humilde, modesto e respeitoso :) bj

🐦 O show foi incrível! E tudo por causa de vocês pessoal obrigado por serem tão sensacionais :) amor zayn bj

🐦 SauDaDes da mamãe .. BJ

🐦 Ah Sim, Um Imenso Feliz 10° Niver para minha irmã caçula Safaa hoje bj

EU AMO O ZAYN

Qual é a sua música-tema?

Início
É o seu aniversário e hora de comemorar! Que tipo de festa você quer?

Fechar um lugar incrível e convidar a escola inteira.

Como você vai decorar a festa?

Vai juntar a galera e fazer uma decoração totalmente personalizada.

Vai escolher um tema "mara" para fazer uma festa inesquecível.

Algo tranquilo e calmo só com os amigos mais chegados.

Vai ter dança?

Seus amigos podem dançar se quiserem, mas você fica com muita vergonha.

Claro! Você mal pode esperar para arrasar na pista, mesmo que a festa seja no seu quarto.

ZAYN PARA SEMPRE

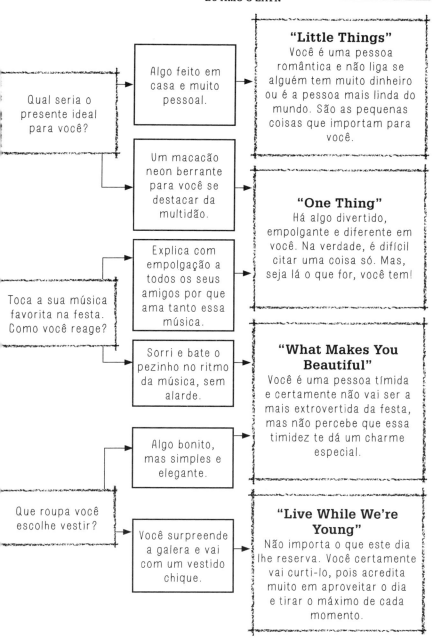

Um grande coração

O ZAYN TEM UM CORAÇÃO IMENSO E FAZ QUESTÃO DE MOSTRAR SEU AMOR PELA FAMÍLIA, PELOS AMIGOS, PELOS FÃS E POR CAUSAS BENEFICENTES. AQUI ESTÃO ALGUMAS HISTÓRIAS QUE VÃO FAZER VOCÊ DIZER "AWWW". E SÓ PARA SE DIVERTIR, POR QUE NÃO AVALIÁ-LAS DE ACORDO COM O NOSSO FOFÔMETRO?.

FOFÔMETRO

 Awww!

 Que gracinha!

 Superfofo!

 Overdose de fofura!

♥♥♥♥♥ Não aguento tanta fofura!

O Zayn adora seus colegas de banda como se fossem seus irmãos e admite proteger o Niall, fazendo de tudo para que ele fique bem quando as fãs exageram nos avanços. "Não sei por que, mas mesmo ele não sendo o mais novo eu me sinto mais maternal em relação a ele", tenta explicar o Zayn.

Quando lhe perguntaram o que o faz sorrir, o Zayn disse: "Quando falo com a minha irmã mais nova." Que ótimo irmão ele, hein?

O Zayn baba tanto nos colegas do 1D que manda SMS para eles quando está longe. "Quando não estamos juntos, mandamos SMS uns para os outros, dizendo: 'Estou com saudades.' Eu sei que parece coisa de menina, mas esse nível de intimidade é importante."

Ele pode parecer superdescolado, mas o Zayn já admitiu ser um pouco nerd, dizendo que colecionava revistas em quadrinhos quando era criança.

Sem dúvida o Harry pode contar com a compreensão do Zayn, que comentou o seguinte em resposta à fofoca dos jornais sobre os romances do amigo: "Ele é o caçula do grupo, mas as pessoas parecem se esquecer disso por causa do jeito e do charme dele. Então às vezes é assustador vê-lo com o peso do mundo nas costas. Ficamos meio chateados. Ele é um garoto, e falam mal dele sem motivo."

Apesar de ter feito as audições para o *X Factor* como artista solo, o Zayn confessa sua incapacidade de lidar com a fama sozinho: "Eu já teria pirado, desistido e voltado para casa. Os caras me mantêm com os pés no chão, e é bom saber que não sou o único a viver tudo isso. Estamos dividindo todas as experiências."

Se tivesse apenas um dia na Terra, o Zayn diz que gostaria de ir para casa e passá-lo com a família e os amigos.

O Zayn é um pouco supersticioso. Ele usa todos os dias um cordão dado por uma pessoa próxima, e o considera um amuleto da sorte.

Junto com os outros integrantes do 1D, o Zayn é embaixador da Rays of Sunshine, uma organização de caridade que realiza desejos de crianças gravemente doentes no Reino Unido.

O Zayn ama muito a família. Quando perguntaram o que o deixa mais feliz, ele disse: "Estar em casa, fazendo as coisas mais normais. Se eu pudesse ir para casa amanhã, acordaria bem tarde, desceria as escadas, sentaria no sofá, assistiria à TV e ficaria com a minha família. Eu também levaria as minhas irmãs para fazer compras, porque adoro ver sua reação quando compro algo para elas. Adoro vê-las felizes."

O ZAYN NÃO É PAQUERADOR COMO O SEU ATREVIDO COLEGA DE BANDA HARRY, MAS CONHECE BEM O MUNDO DOS RELACIONAMENTOS. AQUI ESTÃO ALGUMAS OPINIÕES DELE SOBRE AMOR, ROMANCE E O QUE ELE PROCURA - E NÃO PROCURA - EM UMA GAROTA.

Em uma sessão de fotos para a revista *Cosmopolitan*, em novembro de 2012, perguntaram ao Zayn se a namorada ajudava a aumentar a autoestima dele. A resposta foi:

> "Por trás de um grande homem existe uma grande mulher, e ela é ótima."

Até o conquistador oficial do 1D, o Harry, reconhece que o Zayn é o verdadeiro Príncipe Encantado da banda:

> "Acho que o bonitão típico é o Zayn, por causa do queixo e do maxilar."

O Zayn achava que tinha definido as características que procurava em uma garota: cor do cabelo, dos olhos e tal. Hoje em dia, isso não é tão importante:

> "Obviamente, você precisa sentir atração por alguém para estar em um relacionamento, mas ao mesmo tempo [a aparência] não é tão importante assim."

Pode-se dizer que o Zayn, definitivamente, prefere a personalidade à aparência. Na verdade, ele se empolga bastante ao defender essa ideia.

"Eu não diria que tenho um tipo específico de garota. Fiquei bem menos superficial à medida que fui amadurecendo, e a personalidade agora é muito importante para mim. A pessoa pode ser a mais linda do mundo, mas não há nada pior do que gente chata. É preciso ter algo que estimule você mentalmente."

Então, o que o Zayn acha atraente em uma garota?

"Alguém que sabe cuidar de si mesma e tem autoconfiança é atraente, mas também temos que ser amigos."

E não vamos esquecer que a garota perfeita para o Zayn também precisa ser tão fácil de lidar quanto ele é:

"Alguém que seja tranquila, não se leve muito a sério e não dê um chilique por pouca coisa. Gosto de garotas que apreciem a simplicidade."

Embora o mundo do romance interesse ao Zayn agora, ele pode provar que nem sempre foi assim:

"Dei meu primeiro beijo quando tinha 9 ou 10 anos. Foi só um selinho, mas fiquei paranoico imaginando que seria descoberto. Achei que iriam saber que beijei alguém só de olharem para mim."

Boa notícia, meninas! Se não der certo com a namorada atual, o Zayn pode voltar ao mercado em busca de uma garota especial para ter um relacionamento sério. Quando perguntaram onde ele gostaria de estar daqui a cinco anos, a resposta foi:

> "Gostaria que o One Direction continuasse na ativa e tivesse ainda mais fãs. Também gostaria de ter minha própria casa e possivelmente estarei em um relacionamento sério e pronto para me casar."

O Zayn alega que sua popularidade começou cedo, quando ele mudou de escola:

> "A escola nova era bem mais misturada, por isso eu me adaptei melhor. Além disso, todas as garotas queriam saber quem era o cara novo. Foi aí que eu fiquei popular."

Quando a vida amorosa do Zayn realmente começou? Como sempre, ele é modesto ao falar de sua popularidade com as garotas:

> "Comecei a me interessar de verdade por garotas quando tinha 12 ou 13 anos. Elas perguntavam se eu queria sair com a amiga delas. Tive minha primeira namorada de verdade por volta dos 15 anos, e fiquei com ela uns nove meses. Só tive duas ou três namoradas sérias."

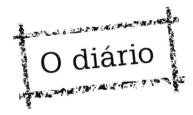

O diário

VOCÊ JÁ QUIS SER PROTAGONISTA DE UMA HISTÓRIA COM O ZAYN? BOM, ESTA É A SUA OPORTUNIDADE. PREENCHA AS LACUNAS COM AS PALAVRAS SUGERIDAS ENTRE PARÊNTESES OU USE A IMAGINAÇÃO PARA PERSONALIZAR A SUA HISTÓRIA E DEIXÁ-LA ESPECIAL.

Você vira a página do livro de ciências e bate a caneta na mesa. Não foi a melhor ideia do mundo ir à biblioteca em um sábado à tarde, mas você tem um monte de deveres de casa para fazer.

Você preferia estar ....
...... (lendo poesia / desenhando / fazendo um trabalho de História). Suspirando, você decide que precisa de uma pausa e vai para a seção de ....
.... (poesia / arte / História).

Ao passar os dedos pelas lombadas dos livros antigos e meio gastos, você vê em cima de uma das prateleiras um caderno que, definitivamente, não é um livro da biblioteca. Você folheia as páginas. É algum tipo de agenda. Dentro, você lê:

Segunda-feira, 11 horas: ....
.... (Ensaio / Festa
na piscina / Café da manhã) na casa do Harry.

Terça-feira, 13 horas: ....
.... (Entrevista / Sessão
de fotos / Almoço) com a revista *Loud!* — ligar para o Louis.

Quarta-feira, 14 horas: ....
.... (Estúdio / Passagem
de som / Cabeleireiro) — levar o casaco do Liam.

Terça-feira, 13 horas: Reunião com ....
.... (gerente
de turnê / personal trainer / coreógrafo) — buscar o Niall.

Você olha a capa da agenda e tem um treco ao ler: ....
....
.... ("Propriedade do Zayn Malik" / "Diário
do Zayn - fique longe!"/ "Pertence ao Zayn") na primeira
página. Você acabou de achar o diário do Zayn!

Rapidamente, você vira a página até o dia de hoje:

Sábado, 14 horas: ....
.... (Tarde de autógrafos
do álbum / Show acústico / Bate-papo com fãs) na Hot
Tunes Music.

É a loja de música da cidade. Você poderia ir até lá e devolver o diário ao Zayn! Sentindo-se ....

....

.... (empolgada / eufórica / determinada), você sai correndo da biblioteca. É preciso pegar um ônibus para ir à loja de música, e o seu coração bate forte durante toda a viagem.

Ao descer e ver a loja, você desanima. A fila está dando a volta no quarteirão!

Subitamente, você vê que sua (seu) melhor amiga (o), ...

....

.... (nome da(o) sua(seu) melhor amiga(o)), também está na fila. Ela(e) está segurando ....

.... e grita:

— Que bom te ver aqui! Está feliz? Mal posso esperar para encontrar o ....

.... (nome do integrante do 1D predileto dela).

— Eu não esperava vir hoje — você diz com sinceridade —, mas aconteceu algo ....

.... (sensacional / doido / inacreditável). Você consegue guardar um segredo?

Você conta que achou o diário do Zayn. Ele ....

....

.... (lança um olhar cético para você / grita de
alegria / demonstra uma leve invejinha). Enquanto vocês
conversam, a fila anda rapidamente. Quando você se dá
conta, já é o próximo para encontrar os garotos do 1D. Está
quase impossível conter a empolgação.

Quando o segurança a deixa entrar, você dá aos garotos o
seu (a sua) ....

.... (sorriso mais deslumbrante
/ piscadela mais atrevida / risada mais exagerada) e
vai direto para o Zayn. Ele recebe você com um sorriso
amigável. Os grandes olhos castanhos dele fazem as suas
pernas tremerem. Ele diz:

— Oi, ...

.... (você quer que eu autografe
algo? / uau! Você tem um sorriso lindo! / você não é
aquela(e) supermodelo famosa(o)?).

Sem dizer nada, você entrega o diário para ele, que
responde com um grito:

— Meu diário! Pensei que tivesse perdido. Onde você o
achou?

— Na biblioteca — você diz, esganiçando. Você está ....

....

.... (uma pilha de nervos / em pânico / ainda em choque), mas o Zayn é muito simpático e fácil de conversar.

— Como posso agradecer? Espere aí. Assim que eu terminar aqui, vou te apresentar aos outros caras.

Parece que o seu coração vai sair pela boca. E você só consegue falar:

— Posso trazer meu melhor amigo?

— ....
.... — responde o Zayn.

Na mesma hora você corre para............
.... (nome do seu melhor amigao), que está à sua espera. Você conta com animação sobre a incrível oferta do Zayn. Ele fica feliz da vida.

Não demora muito para os garotos do 1D terminarem de atender aos fãs e você os segue pela escada que termina em uma grande sala com ....
.... (sofás / pufes / redes) confortáveis e mesas com refrigerantes e doces.

De repente, o Zayn está ao seu lado, com os outros garotos logo atrás. Ele faz as honras:

— Pessoal, aqui está .... (seu nome), de quem eu falei.

Os outros integrantes da banda te cumprimentam como se fossem velhos amigos. O Liam e o Louis .... (te dão um abraço / apertam a sua mão), o **Niall** .... (cumprimenta batendo a mão dele na sua / aperta o seu ombro) e o **Harry** .... (beija a sua mão / te dá um forte abraço).

Zayn começa:

— Não sei mesmo como agradecer, mas eu queria perguntar uma coisa: vocês querem passes para os bastidores do nosso próximo show?

— Sim! — vocês gritam.

Que dia .... (incrível / surreal / maluco). Quem imaginaria que no começo desta tarde você estava fazendo o dever de casa e agora está batendo papo com o One Direction?

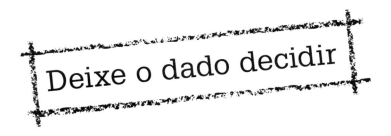

PREPARE-SE PARA DESCOBRIR QUAL VAI SER O SEU DESTINO COM O ZAYN. ESTE É UM JOGO DIVERTIDO, E VOCÊ PODE BRINCAR VÁRIAS VEZES. BASTA TER UM DADO. JOGUE-O COM VONTADE E SIGA AS INSTRUÇÕES ABAIXO PARA VER O FUTURO.

1. Anote ideias de onde vocês vão se encontrar e o que vão fazer juntos no espaço em que está escrito "Sua escolha" para as categorias **A** até **E**.

2. Jogue o dado uma vez para cada categoria. O número que aparecer é a escolha que o dado fez para você.

3. Escreva o seu futuro com o Zayn no quadro da **página 49** e espere para ver se vai acontecer.

CATEGORIAS:
A. Onde você e o Zayn vão se conhecer:
1. Em um aquário **2.** Em uma galeria de arte **3.** Na biblioteca **4.** Em um festival de música **5.** Em um brechó **6.** (Sua escolha) ....
....

B. O que vocês vão fazer juntos:
1. Jantar à luz de velas **2.** Um piquenique no parque
3. Um passeio turístico por Londres **4.** Ir a uma fábrica de chocolate **5.** Comprar sapatos
6. (Sua escolha) ....

....

C. Ele vai achar você muito:
1. Inteligente **2.** Engraçado **3.** Misterioso **4.** Talentoso
5. Doce
6. (Sua escolha) ....

....

D. O que ele vai te dar de presente:
1. Uma música que compôs para você **2.** Uma mecha do cabelo maravilhoso dele **3.** Uma dúzia de rosas vermelhas **4.** Um perfume caro **5.** Um passe para os bastidores do show dele
6. (Sua escolha) ....

....

E. Para onde você e o Zayn vão viajar:
1. Los Angeles **2.** Nova Zelândia **3.** Paris
4. Disneylândia **5.** Japão
6. (Sua escolha) ....

....

O seu futuro com o Zayn:

Vou conhecer o Zayn ....

Nós vamos ....

Ele vai me achar ....

E vai me dar de presente ....

Vamos viajar para ....

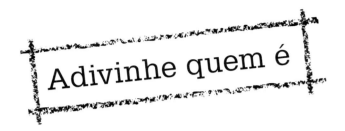

LEIA AS FRASES DO ZAYN A SEGUIR E VEJA SE CONSEGUE DESCOBRIR DE QUEM OU DO QUE RAIOS ELE ESTÁ FALANDO. CONFIRA SE VOCÊ DECIFROU AS DICAS OLHANDO AS RESPOSTAS NA **PÁGINA 106**.

1. "Eu me dei bem com ele rapidamente porque ele é igual a mim em várias coisas."

Dica: Um colega de banda do One Direction que é xará de um jurado do *X Factor*.

Quem é? ....
....

2. "Ela ainda chora sempre que eu volto para casa e vou embora de novo."

Dica: Sempre ligado à família, o Zayn sempre vai ter um lugar especial no coração desta mulher.

Quem é? ....
....

3. "Ele é um cara abusado."

Dica: Este cara de cabelo encaracolado tem muito estilo.

Quem é? ....

....

4. "Eu não curtia esse tipo de música, mas fui totalmente convertido assim que o conheci. Ele tem uma aura que fica bem evidente quando ele entra em uma sala."

Dica: Vai ter que saber inglês para acertar. Você deixaria esta lenda da música *entertain you*?

Quem é? ....

....

5. "Ele é muito divertido e não para quieto. Deve ser cansativo ser ele."

Dica: Um irlandês encantador, atrevido e amigo do peito.

Quem é? ....

....

6. "Ele é um cara muito engraçado!"

Dica: Este comediante polêmico estrelou o filme *O ditador*.

Quem é? ....

....

7. "Ele é bem sério e focado."

Dica: Embora não seja o mais velho, este integrante do 1D age como se fosse o irmão mais velho do grupo e toma conta dos outros garotos.

Quem é? ....

....

8. "Você foi uma lenda."

Dica: Mais uma que exige o conhecimento musical em dia. Este ídolo da música cujos clipes pareciam um filme no estilo *thriller* certamente não era *bad* aos olhos do Zayn.

Quem é? ....

....

9. "Eu fazia isso na frente das minhas irmãs quando elas eram mais novas só para assustá-las."

Dica: A travessura favorita (e meio esquisita!) do Zayn.

O que é? ....

....

EU AMO O ZAYN

10. "Eu sou fã da marca, sim, e teve uma época em que sempre comprava algo quando passávamos nos aeroportos. Custa uma fortuna!"

Dica: Custa mesmo! Poucas pessoas podem comprar objetos desta marca gloriosa, genial e glamorosa cujo logotipo tem a forma da letra G.

Qual é? ....

....

11. "Tem um Nintendo DS e outro video game lá para distrair a gente."

Dica: Um meio de transporte superestiloso para quando os garotos estão em turnê.

O que é? ....

....

12. "Nunca tinha visto um antes de entrar no One Direction, por isso o fato de fazer turnês pelo mundo e conhecer vários países é incrível."

Dica: Agora que o Zayn finalmente tem passaporte, ele certamente ficou nas nuvens de tanta felicidade.

O que é? ....

....

Universo do Twitter

O ZAYN PODE ESTAR NO TOPO DO MUNDO POP, MAS É FÁCIL VER PELOS TUÍTES QUE ELE É UM CARA COMO OUTRO QUALQUER: CARINHOSO, BACANA E, ÀS VEZES, MEIO DOIDO.

🐦 Eu quero cortar meu cabelo curto ou então deixar crescer bastante. O que vcs acham? BJ

🐦 Pedindo pizza e tudo está ótimo ;) bj

🐦 Tocando um pouco de guitarra antes de dormir. Acordo cedo amanhã. O que vocês vão fazer hoje à noite :) bj

🐦 Sono :/ Vou dormir agora é sério bj

🐦 Shoo bop shoobidee bop de shoo bop ! :) bj

🐦 este banho está sensacional :) joinha aha

🐦 muito feliz hoje :D Abacate é meu novo vegetal favorito :) bj

🐦 uau nossos fãs são o máximo! Vocês são demais! :) bj

🐦 O tempo está doido hoje. Nada como tomar um chá ao ar livre em uma noite fria bj

EU AMO O ZAYN

PODE PARECER QUE O ZAYN NÃO FAZ A MENOR FORÇA PARA SER BACANA, MAS ATÉ ELE VIVE SITUAÇÕES CONSTRANGEDORAS. LEIA ESTAS HISTÓRIAS DE DEIXAR QUALQUER UM ENVERGONHADO E DECIDA SE ELAS SÃO UM MICO DE VERDADE OU UM FRACASSO FALSO. VEJA AS RESPOSTAS NA **PÁGINA 107**.

1. Aos 6 anos o Zayn cortou todo o cabelo por conta própria. Quando a professora colocou os fios em um envelope e disse que ele precisava ir para casa e contar à mãe o que tinha feito, ele usou cola de madeira para grudar tudo de volta.

☐ Mico de verdade   ☐ Fracasso falso

2. O Zayn começou a autoescola quando tinha 17 anos, mas foi reprovado na prova prática cinco vezes... Até agora!

☐ Mico de verdade   ☐ Fracasso falso

3. O Zayn nunca tinha saído do país nem tinha passaporte até chegar à etapa da casa dos jurados no *X Factor* e ter que ir para Marbella.

☐ Mico de verdade   ☐ Fracasso falso

— 55 —

4. O Zayn precisou subir em um tijolo para dar seu primeiro beijo. A sortuda era bem mais alta que ele, portanto, era impossível alcançar os lábios dela sem uma pequena ajuda!

☐ Mico de verdade   ☐ Fracasso falso

5. Quando o Zayn tinha 7 anos ele disse aos amigos de escola que tinha prendido a fada do dente embaixo de um vaso de plantas, mas quando revelou o que realmente tinha capturado, descobriu-se que era um pequeno morcego!

☐ Mico de verdade   ☐ Fracasso falso

6. Quando o Zayn era mais novo, achava muito irado raspar falhas nas sobrancelhas, usar calças de moletom largonas e casaco com capuz o tempo todo para tentar ficar parecido com os caras do *gangsta rap*.

☐ Mico de verdade   ☐ Fracasso falso

7. Uma vez, em um voo para Los Angeles, o Zayn foi levado para uma salinha nos fundos do aeroporto e interrogado por uma hora porque tinha o nome parecido com o de um procurado pela imigração.

☐ Mico de verdade   ☐ Fracasso falso

8. O Zayn era muito criativo quando criança e gostava tanto de pintar que enquanto a cadela de estimação da família dormia, ele a pintou de amarelo-berrante.

☐ Mico de verdade   ☐ Fracasso falso

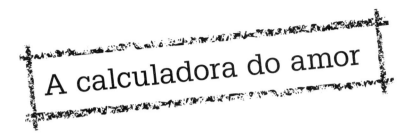

A calculadora do amor

UMA FORMA RÁPIDA E DIVERTIDA DE DESCOBRIR SE VOCÊ E O ZAYN SÃO PERFEITOS UM PARA O OUTRO.

Escreva o seu nome e o do Zayn com a palavra LOVES (ama, em inglês) no meio. Depois anote quantas vezes as letras L, O, V, E e S aparecem no seu nome e no dele, mas não conte as letras da palavra LOVES que está no meio! Some os pares de números: o primeiro com o segundo, o segundo com o terceiro e por aí vai, até chegar a uma "porcentagem" final, que indica a probabilidade de você ser a pessoa dos sonhos do Zayn.

Veja um exemplo:

Bryony Jones Zayn Malik

No total, tem um L, dois Os, nenhum V, um E e um S.

Anote assim: 1 2 0 1 1

Some cada par de números até restarem apenas dois:

1 2 0 1 1
3 2 1 2
5 3 3
86%

Fazendo palhaçadas

VOCÊ ESTÁ PREPARADO PARA ASSUMIR O PAPEL PRINCIPAL EM UMA AVENTURA COM O ZAYN MALIK? LEIA A HISTÓRIA A SEGUIR E ESCOLHA SUAS OPÇÕES COM CUIDADO. O QUE VAI ACONTECER DEPOIS? VOCÊ DECIDE!

Com o seu trabalho de malabarista em um circo profissional, às vezes você se sente a pessoa mais sortuda do mundo. Mas isso não impede seus pais de ficarem no seu pé para manter os deveres da escola em dia, além de limpar a sujeira dos elefantes.

O circo não se apresentará por duas semanas, e como já ensaiou o seu número até não poder mais, você passa os dias sem fazer nada, sentindo-se triste enquanto vê seus pais praticando o número de trapézio deles.

— Não fique com essa cara de quem está de saco cheio! — diz sua mãe, ajustando o figurino cheio de brilho. — Seu pai tem uma ótima notícia para dar.

— Qual é a notícia, pai?

— Temos que preparar uma apresentação especial esta noite. Uma banda muito famosa iria tocar aqui na cidade, mas como o local onde eles tocariam está alagado, eles vêm para cá.

— Uau! Que banda? — você quer saber.

— Não sei. Mas falei com a empresária deles ao telefone. Ela diz que eles decidiram dar à apresentação desta noite um tema de circo para combinar com o novo local do show. É aí que você entra. Um dos caras da banda precisa aprender a fazer malabarismo o mais rápido possível.

— Qual o nome dele?

— Zayn Malik.

OMG, é o One Direction!

Se você decidir:
1. Desmaiar na hora, leia a parte **A** abaixo.
2. Pegar suas bolas de malabarismo e dizer ao seu pai que você é a pessoa certa para o trabalho, leia a seção **B** na **página 66**.

A: Você se senta, ainda meio em choque com a notícia. Você deve ter desmaiado! Seus pais estão à sua volta com olhares preocupados. Eles não parecem felizes.

— Eu posso fazer isso, é o One Direction! — você responde.

Sua mãe sacode a cabeça negativamente.

— É muita emoção para você. Melhor ir para a cama agora e descansar.

— Mas quem vai ensinar o Zayn a fazer malabarismo?

— Um dos palhaços pode fazer isso. Você não pode ficar desmaiando por aí. Sem discussão — encerra.

Ah, não. Você não pode acreditar que desmaiou e estragou a oportunidade de conhecer o Zayn e o resto do 1D.

Se você decidir:
1. Assentir com tristeza e ir para a cama, leia a parte **A1** a seguir.
2. Discutir com os seus pais, discordando da decisão deles, leia a parte **A2** na **página 61**.

A1: Você aceita relutantemente e, triste, vai para o trailer da sua família. Uma vez lá dentro, você se encolhe na cama e começa a chorar.

Você daria tudo para encontrar o Zayn. Ele é o seu integrante favorito do One Direction. E mesmo tendo vontade de desmaiar de novo só de pensar nele, você não acredita na crueldade dos seus pais!

Com a indignação tomando conta, você decide que precisa de um plano. Não é justo ter que ficar na cama enquanto todos no circo aproveitam a oportunidade de ver o One

Direction se apresentar ao vivo. O que os seus amigos vão dizer quando descobrirem que a banda esteve no seu circo e você nem falou com eles?

Mas qual vai ser o seu plano?

O que você vai fazer?

1. Se você decidir se disfarçar de palhaço para ensinar o Zayn a fazer malabarismos, leia a parte **A1a** na **página 62**.
2. Se você decidir fugir para bem longe dos seus pais, leia a parte **A1b** na **página 63**.

A2: — Não. Eu vou ensinar o Zayn a fazer malabarismos e você não pode me impedir! — você diz ao seu pai.

Ele faz cara feia.

— Não seja insolente.

Você responde com um grito:

— Mas você não quer me deixar conhecer o Zayn! Ele é o meu ídolo!

— Já chega. Você está de castigo. Não pode ir ao show de jeito nenhum — diz seu pai, furioso.

Você sai pisando firme para o trailer da família, bufando de raiva. Seu pai é muito injusto. Não dá para acreditar que ele não vai te deixar ensinar o Zayn a fazer malabarismo ou ver a apresentação do One Direction.

No trailer você está prestes a chorar quando olha pela janela e vê algo...

O que você viu?
1. Se você viu o Zayn lá fora, leia a parte **A2a** na **página 64**.
2. Se você viu cinco palhaços, leia a parte **A2b** na **página 65**.

A1a: Você sai do trailer e vai para o camarim. É um lugar incrível, repleto de perucas coloridas, figurinos cheios de brilho e muita maquiagem.

Você maquia o rosto com tinta branca, um sorriso bem vermelho e depois pega uma roupa e uma peruca amarelo-berrante. Seus pais nunca vão te reconhecer com esse disfarce!

No caminho de volta para a tenda, alguém pega você pelo cotovelo, de surpresa, dizendo:

— Com licença, é você que vai me ensinar a fazer malabarismo?

Você vira a cabeça amarela e cacheada para olhar quem é. É o Zayn! A resposta sai com um grito:

— Sim! Venha comigo.

Você leva o Zayn para a tenda e passa a tarde toda ensinando o integrante do 1D a fazer malabarismos. Você está rindo tanto que nem nota quando seu pai entra.

Ele puxa a sua peruca, dizendo, às gargalhadas:

— Você realmente achou que eu não ia te reconhecer?

Pelo menos ele não está zangado.

— Foi a minha salvação para este show — diz o Zayn. — E é craque no malabarismo, nunca vi um palhaço tão bonito!

FIM

A1b: Você volta sorrateiramente para a tenda e vê o palhaço Bob ensinando a arte do malabarismo a ninguém menos que o Zayn Malik. Mas ele não é tão bom quanto você!

Você entra no meio da aula e diz:

— Bob, deixe que eu assumo daqui, tudo bem?

O Zayn dá um sorriso deslumbrante.

— Você é o malabarista incrível de que eu ouvi falar tanto!

Mas basta deparar com os belos olhos castanhos do Zayn para você sentir as pernas ficarem moles. Resultado: outro desmaio!

Quando você volta a si, o Zayn, o Bob e o seu pai estão ajoelhados ao seu lado. Que mico!

— Bom, acho que não posso afastar você do Zayn — diz o seu pai, rindo. Ele percebe nitidamente o seu constrangimento, mas te deixa ficar com o astro do pop para ensinar os seus incríveis truques de malabarismo.

FIM

A2a: Você corre para abrir a janela, dando um grito:

— Ei!

O Zayn olha na sua direção e corre para a janela. Ele está usando um casaco esportivo preto e branco e tênis de cano alto vermelho-berrante. Um visual muito bacana!

— O que houve?

— Isso vai parecer meio esquisito: eu tinha que te ensinar a fazer malabarismo, mas meu pai me colocou de castigo.

— Tem alguma coisa que impeça você de me ensinar a fazer malabarismo no trailer? — pergunta ele.

Para a sua surpresa, ele vai até a porta e entra.

O Zayn chega com um sorriso deslumbrante e tira cinco bolas de malabarismo novinhas do bolso.

— Ouvi dizer que você é um dos melhores malabaristas do país, então eu pedi para os outros caras do 1D autografarem isso para você como forma de agradecimento.

Uau! Parece mentira. Não só você vai passar o dia inteiro ensinando o Zayn a fazer malabarismo, como tem uma

Jogo dos erros

Você consegue encontrar oito diferenças entre a foto de cima e a de baixo? Verifique as respostas no final do livro.

lembrança incrível para guardar este dia na memória para sempre.

FIM

A2b: Você sai do trailer e aborda os palhaços desconhecidos, correndo a passos largos.

— Ei! Quem são vocês?

Todos os palhaços se voltam para você com grandes sorrisos no rosto. Um deles tira a peruca e não há como confundir aquele cabelo magnífico. É o Zayn Malik, e o resto dos palhaços são os outros integrantes do 1D! Ele responde:

— Oi! Vamos fazer um show hoje à noite e pensamos em entrar no clima do circo. Você é quem vai me ensinar a fazer malabarismo?

— Sim — você responde, fascinado com a beleza do Zayn, mesmo vestido de palhaço —, mas o meu pai me colocou de castigo.

— Não se preocupe, a gente fala com ele — tranquiliza o Zayn.

Os garotos do 1D vão para a tenda e voltam cinco minutos depois. O Zayn pergunta:

— Preparado para me ensinar os segredos do malabarismo?

— O que você fez para convencê-lo?

— Quem pode resistir ao nosso visual? — Ele sorri, e você entende que vai ter um dia incrível.

FIM

B: — Ótimo! Ele chega em dez minutos, então pode se preparar — diz o seu pai.

Você espera ansiosamente pela chegada do Zayn praticando malabarismo, mas o nervosismo é tanto que você deixa as bolas caírem o tempo todo! Enquanto cata seu equipamento de trabalho do chão, nota o quanto está velho e gasto. Você precisa de algo mais especial para impressionar o Zayn!

Você vai ao trailer de suprimentos e procura até achar exatamente o que quer.

O que você está procurando?
1. Se for um bastão para malabares com fogo, leia a parte **B1** a seguir.
2. Se for um par de patins, leia a parte **B2** na **página 67**.

B1: Excelente! Você achou os bastões para malabares com fogo. Você já fez esse tipo de malabarismo várias vezes. Parece assustador, mas, por ter feito o treinamento adequado, você domina a técnica.

Ao voltar para a tenda, você encontra o Zayn esperando e dá um gritinho de susto. Ele comenta:

— Uau! Você vai fazer malabarismo com fogo?

— Vou — você responde com outro gritinho, pensando: e é melhor fazer direito!

Você acende os bastões e começa o seu número. O Zayn ri e bate palmas. Você deve estar causando uma ótima impressão.

Até que...

> **O que acontece?**
> 1. Um desastre! Você bota fogo no cabelo do Zayn! Leia a parte **B1a** na **página 68**.
> 2. Seu pai pega você em flagrante. Leia a parte **B1b** na **página 69**.

B2: Ótimo! Você achou os patins. Você nunca patinou e fez malabarismo ao mesmo tempo, mas não pode ser difícil, certo?

Já do lado de fora do trailer, você coloca os patins e vai deslizando na direção da tenda. Está indo bem rápido, e a velocidade só faz aumentar. Ô-ôu! Você percebe que está indo rápido demais e não sabe como parar!

Aos trancos e barrancos, você entra na tenda. E, para seu pânico, vê o Zayn. Ele se vira na sua direção com um olhar surpreso, mas agora é tarde demais!

— Cuidado! — você grita, patinando bem na direção dele. Só lhe resta fechar os olhos e esperar que nada de muito grave aconteça...

O que acontece?
1. Se o Zayn pegar você nos braços, leia a parte **B2a** na página 70.
2. Se você derrubar o Zayn no chão, leia a parte **B2b** na página 71.

B1a: — Ai, não! — você grita, mas, com sorte, acaba agindo rápido e pega um dos baldes de água dos palhaços que estava ali perto.

Você esvazia o balde inteiro na cabeça do Zayn. Isso apaga o cabelo em chamas, mas o deixa totalmente ensopado. Com certeza, ele está furioso.

O Zayn olha para baixo e vê que está encharcado, mas, para seu alívio, ele começa a rir.

— Acho que você acabou de salvar a minha vida.

Você sorri para ele, dizendo:

— Acho que acabei de arruinar o seu cabelo.

Zayn ri.

— Tudo bem, eu estava mesmo procurando um novo visual.

Mal dá para acreditar que o Zayn seja tão bacana a ponto de não se incomodar por você ter posto fogo no cabelo dele! Depois que o Zayn se seca, você passa o resto da tarde rindo e ensinando o astro a fazer malabarismo: desta vez com as bolinhas de sempre!

FIM

B1b: — Ei! Você sabe que não pode usar os bastões de fogo sem autorização! — grita o seu pai, correndo na sua direção.

Você sente o rosto ficar imediatamente vermelho e apaga os bastões em um balde de água ali perto, dizendo:

— Desculpe, pai.

O Zayn entra na conversa:

— Na verdade, isso foi a coisa mais impressionante que já vi. Por que você não se junta a nós no palco esta noite e mostra o seu talento a todos?

Você dá um grito de alegria. No palco com o One Direction? Impossível imaginar algo melhor, mas o seu pai não parece muito satisfeito.

— Deixa, pai? Por favor? — você implora.

— Tudo bem, mas você não deveria ter pegado os bastões sem pedir. Sorte a sua que o Zayn notou seu talento.

É o melhor dia da sua vida! Você passou a tarde trabalhando em um número especial com o Zayn e na mesma noite subiu ao palco com seus truques incríveis. A multidão foi à loucura quando você e o Zayn fizeram o número que ensaiaram, e, para melhorar, o Zayn disse que este foi o melhor show do One Direction!

FIM

B2a: O Zayn abre os braços rapidamente e te segura antes da queda. Você segura nos ombros dele e se equilibra.

O Zayn dá uma gargalhada e pergunta:

— Você está bem?

— Acho que sim — você responde, com o rosto vermelho e morrendo de vergonha.

— Você não deveria me ensinar a fazer malabarismos? Por que os patins?

— Bom... Eu estava tentando te impressionar — você responde, timidamente.

Zayn ri de novo.

— Sem dúvida, causou uma impressão e tanto!

Você sente um alívio imenso por o Zayn ser um cara tão legal e passa um dia maravilhoso ensinando-o a fazer malabarismo, mas faz questão de deixar os patins para outro dia.

FIM

B2b: PLOFT! Você bateu de frente com o Zayn, e os dois caíram amontoados no chão. Ah, não! E se ele tiver se machucado?

O Zayn tosse e sacode a cabeça, depois pergunta:

— Você está bem?

— Estou, mas e você? Você tem um show para fazer hoje.

O Zayn ri e, já levantando e sacudindo a poeira, responde:

— Não se preocupe. Não é todo dia que sou atropelado por alguém de patins.

Você fica com o rosto vermelho de vergonha e propõe começarem a aula de malabarismo. O Zayn responde:

— Seria ótimo, mas acho melhor você tirar esses patins antes!

Você passa um ótimo dia com ele, ensinando os truques do seu ofício. Ele leva jeito e impressiona todo mundo no show da noite. E no final da apresentação, antes de sair do palco, ele diz ao público que não poderia ter feito nada daquilo sem você e depois te joga um beijo na frente de todo mundo.

FIM

EU AMO O ZAYN

Encontro dos sonhos

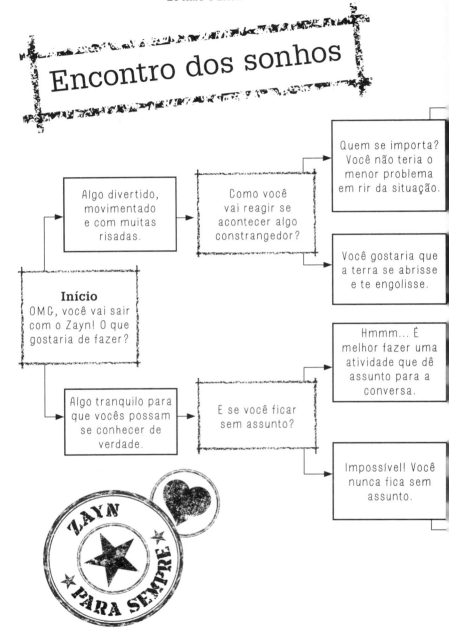

Início
OMG, você vai sair com o Zayn! O que gostaria de fazer?

- Algo divertido, movimentado e com muitas risadas.
  - Como você vai reagir se acontecer algo constrangedor?
    - Quem se importa? Você não teria o menor problema em rir da situação.
    - Você gostaria que a terra se abrisse e te engolisse.

- Algo tranquilo para que vocês possam se conhecer de verdade.
  - E se você ficar sem assunto?
    - Hmmm... É melhor fazer uma atividade que dê assunto para a conversa.
    - Impossível! Você nunca fica sem assunto.

EU AMO O ZAYN

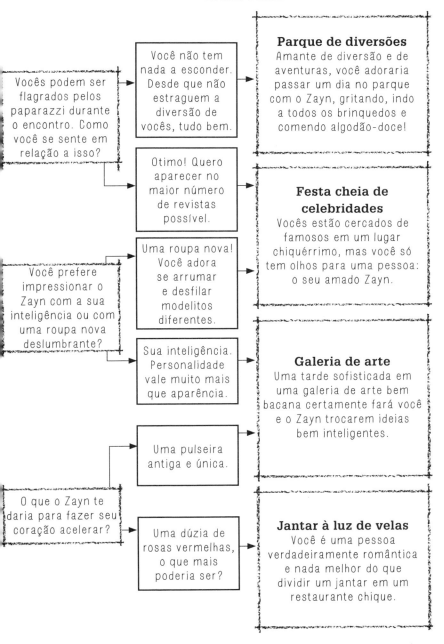

Vocês podem ser flagrados pelos paparazzi durante o encontro. Como você se sente em relação a isso?

- Você não tem nada a esconder. Desde que não estraguem a diversão de vocês, tudo bem.
  → **Parque de diversões**
  Amante de diversão e de aventuras, você adoraria passar um dia no parque com o Zayn, gritando, indo a todos os brinquedos e comendo algodão-doce!

- Ótimo! Quero aparecer no maior número de revistas possível.
  → **Festa cheia de celebridades**
  Vocês estão cercados de famosos em um lugar chiquérrimo, mas você só tem olhos para uma pessoa: o seu amado Zayn.

Você prefere impressionar o Zayn com a sua inteligência ou com uma roupa nova deslumbrante?

- Uma roupa nova! Você adora se arrumar e desfilar modelitos diferentes.

- Sua inteligência. Personalidade vale muito mais que aparência.
  → **Galeria de arte**
  Uma tarde sofisticada em uma galeria de arte bem bacana certamente fará você e o Zayn trocarem ideias bem inteligentes.

- Uma pulseira antiga e única.

O que o Zayn te daria para fazer seu coração acelerar?

- Uma dúzia de rosas vermelhas, o que mais poderia ser?
  → **Jantar à luz de velas**
  Você é uma pessoa verdadeiramente romântica e nada melhor do que dividir um jantar em um restaurante chique.

—73—

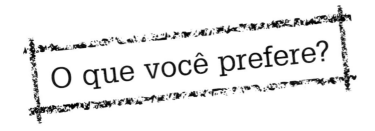

O QUE VOCÊ FARIA SE TIVESSE A OPORTUNIDADE DE PASSAR UM BOM TEMPO COM O ZAYN? LEIA AS OPÇÕES ABAIXO E ESCOLHA QUAL É A SUA FAVORITA. PODE SER LEGAL COMPARAR AS SUAS RESPOSTAS COM AS DOS SEUS AMIGOS PARA VER AS SEMELHANÇAS E DIFERENÇAS.

O que você prefere...

Pegar o autógrafo dele?	⬌	Pegar uma mecha do cabelo dele?
Cantar em dueto com o Zayn?	⬌	Ouvir uma serenata dele?
Fazer palavras cruzadas com ele?	⬌	Cantar no caraoquê com ele?
Ser personal trainer dele?	⬌	Ser segurança dele?
Jantar com ele?	⬌	Ir para um brunch com ele?
Fazer permanente no cabelo do Zayn?	⬌	Depilar as pernas dele?

Sair em turnê com ele? ⬌ Que ele componha uma música sobre você?

Ser assistente dele? ⬌ Dar aulas de canto para o Zayn?

Dirigir um filme sobre o Zayn? ⬌ Ser baterista na banda de apoio?

Jogar Twister com ele? ⬌ Patinar no gelo com o superastro?

Pintar as unhas do Zayn? ⬌ Maquiá-lo?

Morar ao lado do popstar? ⬌ Estudar na mesma escola que ele?

Andar de gôndola com ele em Veneza? ⬌ Saltar de paraquedas com ele?

Ser o melhor amigo dele? ⬌ Que a música que o Zayn compôs para você chegue ao topo das paradas?

Vê-lo todos os dias por alguns minutos? ⬌ Passar um dia inteiro com ele uma vez por ano?

Receber uma ligação do Zayn todas as manhãs dizendo "Bom dia"? ⬌ Ouvir uma canção de ninar cantada por ele na hora de dormir?

Deixá-lo carregar você nos ombros em todos os lugares? ⬌ Deixá-lo carregar as suas malas pelo resto da sua vida?

Seu dia perfeito

SE VOCÊ PUDESSE GANHAR DINHEIRO
POR SONHAR COM O ZAYN, CERTAMENTE SERIA
UMA PESSOA MILIONÁRIA. DESCREVA COMO
SERIA O SEU DIA PERFEITO COM ELE. AONDE
VOCÊS IRIAM? QUE ROUPA VOCÊS USARIAM?
ESCREVA TUDO AQUI.
E TEM ESPAÇO PARA CONTINUAR
A DEVANEAR NA PRÓXIMA PÁGINA.

Precisa de ajuda para começar?
Tente responder às seguintes perguntas:

- ☐ Como começaria o seu dia?
- ☐ Desde quando você é fã do 1D?
- ☐ Do que você mais gosta no Zayn?
- ☐ Quais são as suas músicas favoritas?
- ☐ Para onde você o levaria?
- ☐ O que ele estaria vestindo?
- ☐ O que vocês comeriam?
- ☐ O que você diria para ele?
- ☐ O que você gostaria de perguntar ao Zayn?
- ☐ O que você gostaria que ele lhe perguntasse?
- ☐ Como terminaria o seu dia?

EU AMO O ZAYN

Estilo estelar

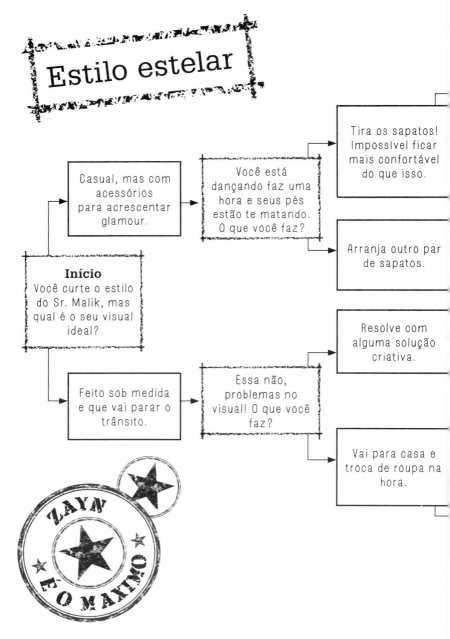

EU AMO O ZAYN

Eca, o chão está meio sujo. Você precisa de algo para calçar, e rápido. Que sapato você escolhe?

Pantufas fofinhas. Você é tão fashion que arrasa com qualquer visual!

Suave na nave
Você gosta de um belo visual, mas não deixa o conforto de lado. Também adora ficar de bobeira em roupas largas e, para sua sorte, consegue manter o estilo sem fazer força.

Tênis coloridos e lindos resolvem a situação.

Fã do cano alto
Peculiares, divertidos e fashion, sapatos são o seu grande amor na vida. Você adora cores berrantes e o estilo esportivo chique.

Que sapato você escolhe?

Tênis de cano alto, claro. São perfeitos para dançar a noite toda.

Um legítimo saltão. Mesmo sem poder dançar, você vai ver todo mundo de cima.

Causando na noite
Seu objetivo fashion é se destacar na multidão. Você adora lançar moda e está sempre por dentro das últimas tendências. E pode até ter um cabelo capaz de rivalizar com o do Zayn!

Várias pulseiras neon para destacar seu look.

Você precisa de acessórios para o novo visual. Quais você escolhe?

Um relógio de ouro clássico e brincos discretos para combinar.

Sempre elegante
Onde quer que vá, você adora ter um visual elegante e estiloso. Sempre se veste muito bem e nem sonharia em sair de casa com um fio de cabelo fora do lugar.

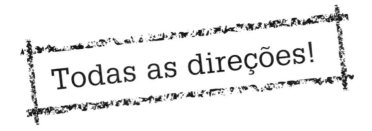

DE CIMA PARA BAIXO, DE BAIXO PARA CIMA, DA ESQUERDA PARA A DIREITA, DA DIREITA PARA A ESQUERDA E ATÉ NA DIAGONAL: VOCÊ VAI PRECISAR PROCURAR EM TODAS AS DIREÇÕES PARA ENCONTRAR PESSOAS, LUGARES, OBJETOS E MÚSICAS QUE SÃO MUITO IMPORTANTES PARA O ZAYN. EM QUANTO TEMPO VOCÊ CONSEGUE ENCONTRAR AS DEZ PALAVRAS ABAIXO? SE EMPACAR, AS RESPOSTAS ESTÃO NA **PÁGINA 107**.

ZAYN MALIK

VAS HAPPENIN

ONE DIRECTION

BRADFORD

"LITTLE THINGS"

HARRY STYLES

LIAM PAYNE

LOUIS TOMLINSON

NIALL HORAN

THE X FACTOR

EU AMO O ZAYN

V	T	O	N	E	D	I	R	E	C	T	I	O	N	N
A	A	E	F	I	C	R	M	H	C	O	A	E	I	O
S	V	I	G	S	H	L	I	R	K	W	S	Y	A	S
H	H	C	M	E	E	I	M	H	O	S	C	V	L	N
A	A	D	O	L	T	A	I	K	B	H	E	G	L	I
P	O	Z	A	Y	N	M	A	L	I	K	M	K	H	L
P	T	F	I	T	W	P	M	I	O	U	A	C	O	M
E	T	G	K	S	F	A	D	T	M	H	G	G	R	O
N	A	E	S	Y	G	Y	G	R	A	T	R	E	A	T
I	T	E	E	R	A	N	C	S	O	K	I	L	N	S
N	A	L	L	R	F	E	D	B	C	F	C	T	H	I
M	M	D	T	A	G	T	E	D	E	N	D	A	O	U
W	F	I	I	H	D	B	N	D	H	I	L	A	M	O
T	H	E	X	F	A	C	T	O	R	F	M	B	R	L
V	S	G	N	I	H	T	E	L	T	T	I	L	N	B

EU AMO O ZAYN

ENTRE OS GAROTOS DO 1D, O ZAYN É CONSIDERADO O MAIS CONSCIENTE EM TERMOS DE MODA. QUANDO PERGUNTARAM QUAIS ERAM AS CINCO COISAS QUE ELE TINHA COMPRADO RECENTEMENTE, ELE RESPONDEU: "ROUPAS, ROUPAS, ROUPAS, ROUPAS E ROUPAS!"

PINTE AS ESTRELAS DE ACORDO COM O ESTILÔMETRO PARA AVALIAR OS VISUAIS DO ZAYN E DEPOIS ESCOLHA O SEU FAVORITO.

ESTILÔMETRO

 Só de bobeira

 Gato de fato!

 Bacana demais

 Overdose de estilo

 Esse cara deveria estar na passarela

Chique e elegante

No GQUK Fashion Awards, em 2012, o Zayn realmente se vestiu de acordo com a ocasião com um terno preto de alfaiataria e sapatos tão brilhantes que provavelmente dava para ver o próprio reflexo neles. Ele complementou o visual com uma gravata branca fininha e camisa social listrada.

Não é mais um na multidão

De terno e botas nos Brit Awards de 2012, o Zayn mostrou que não tem medo de ficar diferente dos colegas de banda, usando um blazer creme com duas fileiras de botões, camisa xadrez e sapatos formais engrachados.

De bobeira

Quando o Zayn quer relaxar, usa um macacão bem quentinho, calça e casaco de moletom com capuz e tênis ou — se ele tiver que sair de casa — um pouco menos casual, combinando camisa polo, casaco esportivo e jeans. Ainda assim, ele não parece se esforçar para ficar estiloso, pois usa roupas que lhe caem bem e acessórios customizáveis. O toque final fica por conta dos brincos e colares cheios de brilho.

Arte no corpo

O Zayn é um grande fã de tatuagens. Ele acrescenta cada vez mais desenhos ao corpo, com imagens simbólicas e extremamente pessoais para ele.
O que você acha das tattoos do Zayn? Avalie as tatuagens a seguir com notas de 1 a 10, depois avalie seu visual tatuado como um todo.

Microfone   ....

"ZAP"   ....

Dedos
cruzados   ....

Folha de
samambaia
prateada   ....

O topete

Não há dúvida de que o cabelo do Zayn é lindo e gera muita discussão entre Directioners que gostam de falar do estilo dos garotos. Acrescentar uma mecha loura ao visual na cerimônia de abertura das Olimpíadas de Londres em 2012 foi algo bem-visto por fãs do mundo inteiro. Quando lhe perguntaram sobre as madeixas, Zayn disse: "Meu cabelo leva uns 25 minutos para ficar pronto. Tem que secar de um determinado jeito por causa do topete. Não acordo assim."

Cano alto é o máximo
Se alguém pedisse para o Zayn citar o amor da sua vida, não surpreenderia se ele mencionasse um par de tênis de cano alto. O estiloso cantor admitiu ter uma coleção imensa desses sapatos bacanas e coloridos, e os combina com tudo, seja um terno bem sério ou uma calça casual. Eles certamente ajudam a dar um ar confiante ao astro.

Marca registrada
O Zayn ficaria bonito até vestindo um saco plástico, mas, independente do visual que esteja usando, ele sempre volta ao estilo clássico que é sua marca registrada: um casaco de beisebol (geralmente com "Malik" escrito nas costas) ou um casaco de malha bem confortável, calças largas e seus amados tênis de cano alto, claro.

Saca só

Poucas pessoas conseguem, mas o Zayn é bacana o suficiente para vestir a tendência do estilo geek-chic. Basta combinar camisa xadrez com óculos pretos de armação grossa para instantaneamente entrar no estilo mauricinho bacana. Quando quer se arrumar, normalmente acrescenta um blazer ou um terno bem-cortado e coturnos.

O ZAYN CORREU ATRÁS DO PRÓPRIO SONHO E ISTO O LEVOU DOS MUSICAIS DA ESCOLA AO ESTRELATO INTERNACIONAL, SEMPRE MANTENDO OS PÉS NO CHÃO AO LONGO DO CAMINHO. LEIA ALGUMAS DAS FRASES INSPIRADORAS DO ZAYN E DEPOIS ACRESCENTE OS SEUS PENSAMENTOS E ASPIRAÇÕES!

"Conquistei quatro grandes amigos ao entrar na banda, e isso é ótimo. A gente continua com os pés no chão."

Se você estivesse em uma banda com seus melhores amigos, como vocês se ajudariam quando batesse o estresse causado pela fama?

....

....

Qual seria o nome da sua banda?

....

....

"Mesmo se pudéssemos conquistar apenas algumas pessoas que não eram fãs e nunca esperaram ser, eu ficaria feliz."

Cite algo importante que o fã obtém com a música.

....

....

Você acha importante experimentar coisas novas na vida?

....

....

"Tenho um orgulho imenso disso. É uma loucura pensar: 'Por que todas essas pessoas estão vindo me ver?' É realmente bacana."

O Zayn ama seus fãs. Cite alguns dos seus maiores ídolos.

....

....

O que você acha que alguém precisa fazer para conquistar um bom número de fãs?

....

....

"Sair em turnê pelo mundo e conhecer vários países diferentes é incrível."

Que lugar do mundo você gostaria de visitar?

Cite outra carreira que lhe permitiria viajar pelo mundo.

"Estar no palco com o Robbie Williams durante o *X Factor* foi demais. Ele foi incrível e passou o dia inteiro com a gente."

Com que celebridade você mais gostaria de passar um tempo?

Se você fosse uma pessoa famosa, como lidaria com os seus fãs?

"Não haveria o One Direction sem os fãs, e agradecemos muito por vocês terem nos apoiado sempre."

Você acha que agradar os fãs é a coisa mais importante que uma celebridade pode fazer?

Qual foi sua atitude mais radical como fã?

"Eu adorei estar no palco e ser outra pessoa. Achei muito libertador ser um personagem e sentia a maior adrenalina quando atuava."

Antes de voltar sua atenção para o canto, o Zayn adorava atuar. Você gosta de estar no palco?

O que te deixa na maior adrenalina?

"Tudo é muito rápido, e de repente você está andando por tapetes vermelhos, conhecendo gente famosa e cantando para milhões de pessoas."

Qual seria a melhor parte de ser uma pessoa famosa?

Você acha que tem alguma desvantagem em ser famoso?

"O programa me deu mais confiança e me ensinou a falar para as pessoas. Agradeço muito por isso."

Você já desejou ser mais confiante?

O que você poderia fazer para ser mais confiante?

"Eu agradeço por poder passar mais tempo com a minha família agora, porque quando vou para casa é tão rápido que faço questão de aproveitar cada minuto ao máximo."

Há algo que você acha que poderia valorizar mais na vida?

Se a sua vida mudasse por causa do turbilhão da fama, qual é a única coisa que você gostaria que permanecesse igual?

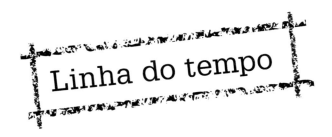

Linha do tempo

ZAYN TEVE UMA ASCENSÃO INACREDITÁVEL AO ESTRELATO, E OS FÃS ACOMPANHARAM TODAS AS ETAPAS DO PROCESSO. VEJA ALGUNS DOS PRINCIPAIS MOMENTOS DA VIDA DO INTEGRANTE DO 1D, PREENCHA AS LACUNAS COM AS PALAVRAS E DATAS QUE ESTÃO NA **PÁGINA 96** E DEPOIS CONFIRA AS RESPOSTAS NA **PÁGINA 108**.

.... (1): o Zayn Malik nasce em Bradford, Inglaterra.

1996: A lembrança mais antiga do Zayn é de ir ao parque de diversões com a avó e a mãe. "Tudo parecia muito grande. Eu me lembro das luzes fortes e da emoção de andar no carrossel."

2005-2006: O Zayn começa a se preocupar com a aparência e acordar para ir à escola trinta minutos antes das irmãs para poder arrumar o .... (2)!

Junho de 2010: O Zayn faz sua primeira audição para o *X Factor*, cantando .... (3), do Mario.

Setembro de 2010: Depois que Simon Cowell formou o One Direction com cantores que se inscreveram originalmente como artistas solo, o grupo se apresenta na casa dele em Marbella cantando "Torn", da Natalie Imbruglia.

Outubro de 2010: Na primeira apresentação ao vivo no *X Factor*, o One Direction canta "Viva La Vida", do Coldplay, e é muito aplaudido.

Dezembro de 2010: O One Direction se apresenta com o Robbie Williams na final do *X Factor*. O Zayn descreve o fato de cantar com o Robbie como "demais". Eles ficam em terceiro lugar no programa, atrás de Matt Cardle e Rebecca Ferguson. "Definitivamente, vamos ficar juntos. Este não é o fim do One Direction," diz o Zayn.

Março de 2011: O Zayn posa orgulhosamente com o resto da banda no lançamento do primeiro livro, *One Direction*: .... (4), que chega ao topo da lista dos mais vendidos.

Maio de 2011: O Zayn e a Rebecca Ferguson vão a público anunciar que estão namorando.

Julho de 2011: O Zayn e a Rebecca se separam.

Agosto de 2011: O Zayn chega aos estúdios da Radio 1 em Londres com os colegas de banda para a primeira execução do single de estreia do One Direction, ... (5).

Setembro de 2011: O single de estreia do 1D chega ao primeiro lugar no Top 40 do Reino Unido e passa .... (6) semanas consecutivas nas paradas.

Fevereiro de 2012: O Zayn vai aos Estados Unidos com a banda para fazer uma turnê do outro lado do Atlântico.

Fevereiro de 2012: O One Direction ganha o prêmio de .... (7), nos Brit Awards. Os garotos derrotam nove concorrentes e faturam o prêmio pelo single de estreia, "What Makes You Beautiful".

Março de 2012: O One Direction se torna o primeiro grupo britânico a ir direto para o primeiro lugar na parada Billboard 200 dos EUA, com o disco *Up All Night*.

.... (8): O One Direction chega a Sydney para uma miniturnê pela Austrália e pela Nova Zelândia.

Maio de 2012: "What Makes You Beautiful" ganha disco de platina duplo nos EUA. Os garotos comemoram o fato de ser uma das boy bands britânicas a fazer maior sucesso e estourar em território norte-americano.

Maio de 2012: O Zayn Malik e a .... (9), da Little Mix, revelam que estão namorando.

Agosto de 2012: O Zayn e os garotos do One Direction cantam "What Makes You Beautiful" em um parque de

diversões flutuante durante a ....
.... (10), em Londres.

Agosto de 2012: O Zayn sai do ....
.... (11), mas acaba voltando dois dias depois.

Agosto de 2012: O Zayn faz uma mecha loura no cabelo.
Directioners do mundo todo vão à loucura.

Agosto de 2012: "Live While We're Young" vira a música
com a pré-venda mais ....
(12) da história.

Setembro de 2012: O One Direction ganha três MTV
Video Music Awards em Los Angeles. Eles derrotam
artistas como .... (13)
e Rihanna na categoria de Melhor Clipe Pop com "What
Makes You Beautiful", e faturam também o prêmio de
Melhor Artista Novo. O Zayn diz: "Gostaríamos de
mandar um imenso obrigado a cada um de vocês que
estão aqui hoje e também a todos os nossos fãs, amigos
e família. E a todo mundo que trabalha com a gente
todos os dias." Depois de cantar "One Thing", eles
recebem o terceiro prêmio da noite, de Melhor Clipe para
Compartilhar.

Novembro de 2012: O One Direction lança seu segundo
disco, chamado .... (14).

Novembro de 2012: O One Direction fica nas paradas do
Reino Unido em dose dupla, com o novo single "Little Things"

e o disco *Take Me Home* alcançando o ....
.... (15).

Fevereiro de 2013: O One Direction começa uma turnê mundial.

Agosto de 2013: Um filme em 3D sobre os garotos é lançado mundialmente, dirigido por ninguém menos que ....
.... (16).

Palavras que Faltam

Abril de 2012
Justin Bieber
"Forever Young"
Perrie Edwards
Cerimônia de Encerramento das Olimpíadas
Primeiro lugar
Morgan Spurlock
Rápida

Cabelo
12 de janeiro de 1993
19
Melhor Single Britânico
"Take Me Home"
Katy Perry
"Little Things"
"What Makes You Beautiful"
Twitter

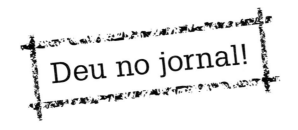

OS MEIOS DE COMUNICAÇÃO DO MUNDO ADORAM AS NOTÍCIAS SOBRE O ZAYN, MAS NA BUSCA POR MANCHETES CAPAZES DE CHAMAR A ATENÇÃO, ÀS VEZES, OS JORNALISTAS VÃO LONGE DEMAIS. ENQUANTO ALGUMAS DAS NOTÍCIAS A SEGUIR SÃO VERDADEIRAS, OUTRAS SÃO MENTIRAS DESLAVADAS. CONFIRME COMO ANDA O SEU CONHECIMENTO EM RELAÇÃO AO QUE SAI NA MÍDIA SOBRE O SEU INTEGRANTE FAVORITO DO 1D NA **PÁGINA 108**.

"ZAYN PÉ DE VENTO!"

O Zayn revelou que vai correr a Maratona de Londres vestido de Simon Cowell. Ele já começou a preparar a fantasia e prometeu correr os 42 quilômetros usando calças de cintura alta, óculos de aviador e camiseta preta com decote em V. Ele espera terminar a prova em menos de duas horas e meia e arrecadar um valor de seis dígitos para organizações de caridade.

☐ Notícia verdadeira   ☐ Mentira deslavada

"NOITE INESQUECÍVEL"

O One Direction alega que o show que fizeram no Madison Square Garden em 3 de dezembro de 2012 foi "a melhor noite da nossa vida".

☐ Notícia verdadeira   ☐ Mentira deslavada

"SKATE PERIGOSO"

O Zayn teve que usar muletas após torcer o tornozelo andando de skate em Los Angeles. Dizem que ele estava com o Justin Bieber na hora do ocorrido. No aeroporto de Los Angeles, o atrevido Niall estava com um sorrisão no rosto enquanto o pobre Zayn vinha mancando lentamente logo atrás.

☐ Notícia verdadeira   ☐ Mentira deslavada

"CASTANHA? TÔ FORA!"

O Zayn revelou ter fobia de castanha. O medo vem do jogo infantil britânico de mesmo nome, que consiste em amarrar uma castanha em uma cordinha e tentar quebrar outra. A brincadeira acabou mal e gerou um trauma: um pedaço de casca entrou pelo nariz dele e ele teve que ir ao hospital para tirá-lo.

☐ Notícia verdadeira   ☐ Mentira deslavada

"EM ROTA DE COLISÃO"

Em janeiro de 2012 os garotos do 1D se envolveram em um acidente de carro sem gravidade que causou lesões em três dos integrantes. Apesar do acidente, eles fizeram um show na mesma noite, porque não queriam decepcionar os fãs.

☐ Notícia verdadeira   ☐ Mentira deslavada

"LOUCO POR AMENDOIM"

O Zayn come uma colher de manteiga de amendoim crocante antes de entrar no palco. Diz que ajuda a dar um tom rouco à sua voz.

☐ Notícia verdadeira ☐ Mentira deslavada

Músicas embaralhadas!

AS MÚSICAS DO ONE DIRECTION ESTÃO TODAS EMBARALHADAS. VEJA SE VOCÊ CONSEGUE DESEMBARALHAR AS LETRAS E DESCOBRIR QUAIS SÃO OS NOMES. SE VOCÊ FOR UM DIRECTIONER DE VERDADE, NÃO DEVERÁ TER PROBLEMAS PARA RESOLVER O ENIGMA, MAS, SE EMPACAR NA SOLUÇÃO, VEJA AS RESPOSTAS NA **PÁGINA 109**.

1. LEV WIL YEOG NUHE WIRE

....

2. HONE GINT

....

3. KALS TIRF STISS

....

4. MANT TISH ROHE

....

5. BUT YOG TOEA

6. FIBO KAMES HAT LEAW TUUY

7. PALL NUG HIT

8. YIK SOUS

9. TRAT TACK HEA

10. TIL GINT HELTS

11. NOC NOMMC

VOCÊ É ESPECIALISTA NO ZAYN? É HORA DE TESTAR O SEU CONHECIMENTO. MARQUE OS QUADRADOS AO LADO DOS FATOS QUE VOCÊ JÁ CONHECIA ANTES DE COMEÇAR A LER ESTE LIVRO E DEPOIS VERIFIQUE A SUA PONTUAÇÃO DE SUPERFÃ NA **PÁGINA 104** PARA VER QUÃO ZAYNTELIGENTE VOCÊ É QUANDO O ASSUNTO É O ZAYN.

☐ O Zayn fez seu GCSE de Inglês um ano mais cedo e, como é muito inteligente, tirou A.

☐ O Harry, o Liam e o Niall foram vítimas de uma pegadinha no canal de TV Nickelodeon, em que uma atriz, se passando por produtora e usando uma barriga falsa de gravidez, fingiu que estava dando à luz na frente dos garotos. O Louis e o Zayn sabiam da piada e mal conseguiram conter o riso quando os outros três integrantes do 1D caíram direitinho.

☐ O Zayn quase fez uma audição para o *X Factor* quando completou 15 anos, e depois, aos 16. Ele finalmente conseguiu quando tinha 17, e o resto é história.

☐ Quando o One Direction foi eliminado da semifinal do *X Factor* pelo voto, o Zayn disse ao público: "Este não é o fim do One Direction."

EU AMO O ZAYN

☐ O Zayn meio que teve um ataque de nervos quando precisou fazer uma coreografia em grupo durante a fase do boot camp do *X Factor*. Ele se escondeu nos bastidores até o Simon Cowell encontrá-lo e convencê-lo a tentar.

☐ No início de 2012, o Zayn apagou sua conta no Twitter devido à quantidade de agressões que vinha recebendo. Ainda bem que ele mudou de ideia e acabou refazendo a conta.

☐ O Zayn namorou sua rival do *X Factor*, a Rebecca Ferguson.

☐ Todos do One Direction concordam que o Zayn é o mais vaidoso do grupo e que ele não consegue ficar longe do espelho por muito tempo.

☐ O Zayn diz que se tivesse um superpoder ele gostaria de conseguir ser jovem para sempre.

☐ Depois de ser desafiado pelos brincalhões colegas de banda, o Zayn uma vez bebeu uma mistura nojenta de mostarda, ketchup, Coca-Cola e milk-shake.

☐ Se pudesse trocar de vida com um dos colegas de banda por um dia, o Zayn disse que trocaria com o Louis, porque ele é hilário. Se pudesse trocar de vida com uma celebridade, ele escolheria o David Beckham.

☐ Antes de aparecer no *X Factor*, o Zayn planejava fazer faculdade de Inglês e se tornar professor.

☐ O Zayn sempre usa dois pares de meias.

☐ O Zayn conseguiu um papel na produção de *Grease — nos tempos da brilhantina* feita pela escola junto com Aqib Khan, que depois estrelaria o filme *West Is West*.

☐ Fora do One Direction, o Zayn tem dois melhores amigos, chamados Danny e Anthony.

103

PONTUAÇÃO DE SUPERFÃ

0-4 pontos
Tente com mais afinco. Você precisa se comprometer mais. Tem uma tendência para preguiça e falta de concentração.

5-9 pontos
Promissor. É esforçado e quer progredir, mas precisa se esforçar mais para atingir seu potencial.

10-14 pontos
Muito bem! Você teve um ótimo desempenho. Demonstrou a dedicação e o entusiasmo para ser o melhor da turma.

Forever Young
Páginas 8 a 10

1. a
2. b
3. a
4. a
5. a
6. a
7. c
8. c
9. c
10. c
11. a
12. a

Superfãs
Páginas 20 a 22

1. Mentira deslavada
2. História verdadeira
3. História verdadeira
4. Mentira deslavada
5. Mentira deslavada
6. Mentira deslavada
7. História verdadeira
8. Mentira deslavada
9. Mentira deslavada
10. História verdadeira
11. Mentira deslavada
12. Mentira deslavada

Favoritos
Páginas 23 a 25

1. b
2. a
3. a
4. c
5. a
6. c
7. a
8. b
9. c

EU AMO O ZAYN

10. b   **12.** b
11. a   **13.** c

Verdadeiro ou falso?
Páginas 26-27

1 Verdadeiro
2. Falso - É o Niall.
3. Verdadeiro
4. Verdadeiro
5. Falso - Foi o Louis.

6. Verdadeiro
7. Falso - Foi o Liam.
8. Falso - É o Harry.
9. Verdadeiro

Qual foi a pergunta?
Páginas 28 a 30

1. J   **3.** L   **5.** K
2. A   **4.** D   **6.** E

Adivinhe quem é
Páginas 50 a 53

1. Louis Tomlinson
2. A mãe dele
3. Harry Styles
4. Robbie Williams
5. Niall Horan
6. Sacha Baron Cohen
7. Liam Payne

8. Michael Jackson
9. Seu polegar extremamente flexível
10. Gucci
11. O ônibus da turnê do 1D
12. Avião

Mico!
Páginas 55-56

1. Fracasso falso
2. Fracasso falso
3. Mico de verdade
4. Mico de verdade
5. Fracasso falso
6. Mico de verdade
7. Mico de verdade
8. Fracasso falso

Todas as direções!
Páginas 80-81

Y	T	O	N	E	D	I	R	E	C	T	I	O	N	N
A	A	E	F	I	C	R	M	H	C	O	A	E		O
S	V	I	G	S	H	L	I	R	K	W	S	Y	A	S
H	H	C	M	E	E		M	H	O	S	C	V	L	N
A	A	D	O	L	T	A	I	K	B	H	E	G	L	
P	O	Z	A	Y	N	M	A	L	I	K	M	K	H	L
P	T	F	I	T	W	P	M	I	O	U	A	C	O	M
E	T	G	K	S	F	A	B	T	M	H	G	G	R	O
N	A	E	S	Y	G	Y	G	R	A	T	R	E	A	T
	T	E	E	R	A	N	C	S	Q	K	I	L	N	S
N	A	L	L	R	F	E	D	B	C	T	C	T	H	
M	M	D	T	A	G	T	E	D	E	N	B	A	O	U
W	F	I	I	H	D	B	N	D	H	I	L	A	M	O
T	H	E	X	F	A	C	T	O	R	F	M	B	R	L
V	S	G	N	I	H	T	E	L	T	T	I	L	N	B

Linha do tempo
Páginas 92 a 96

1. 12 de janeiro de 1993
2. Cabelo
3. "Let Me Love You"
4. "Forever Young"
5. "What Makes You Beautiful"
6. 19
7. Melhor single britânico
8. Abril de 2012
9. Perrie Edwards
10. Cerimônia de encerramento das Olimpíadas
11. Twitter
12. Rápida
13. Justin Bieber
14. "Take Me Home"
15. Primeiro lugar
16. Morgan Spurlock

Deu no jornal!
Páginas 97 a 99

"ZAYN PÉ DE VENTO!" — Mentira deslavada

"NOITE INESQUECÍVEL" — Notícia verdadeira

"SKATE PERIGOSO" — Notícia verdadeira

"CASTANHA? TÔ FORA!" — Mentira deslavada

"EM ROTA DE COLISÃO" — Notícia verdadeira

"LOUCO POR AMENDOIM" — Mentira deslavada

Músicas embaralhadas
Páginas 100-101
1. "Live While We're Young"
2. "One Thing"
3. "First Last Kiss"
4. "More Than This"
5. "Gotta Be You"
6. "What Makes You Beautiful"
7. "Up All Night"
8. "Kiss You"
9. "Heart Attack"
10. Little Things"
11. "C'mon C'mon"

Jogo dos Erros
Na seção de fotos
1. Está faltando um zíper na jaqueta do Zayn.
2. O colarinho do Niall ficou branco.
3. Está faltando o quarto botão na camisa do Niall.
4. A camiseta do Harry mudou de cor.
5. Está faltando o lenço do Harry.
6. Está faltando o relógio do Harry.
7. Os suspensórios do Louis mudaram de cor.
8. A arma de brinquedo do Liam mudou de cor.

Créditos das Imagens:
Capa: Matt Baron/BEI/Rex Features
Contracapa: Kevin Mazur/Getty Images

Fotos:
Página 1, Suzan/EMPICS Entertainment/Press Association Images
Página 2, Gilbert Carrasquillo/FilmMagic/Getty Images
Página 3, Al Pereira/WireImage/Getty Images
Página 4, Matt Baron/BEI/Rex Features
Página 5, Ken McKay/Rex Features
Páginas 6-7, Kevin Winter/Getty Images
Página 8, KeystoneUSA-ZUMA/Rex Features

Este livro foi composto na tipologia Glypha LT Std,
em corpo 9,5/13,3, impresso em papel offwhite na LIS Gráfica e Editora Ltda.